Loué soit Jésus-Christ !

RECUEIL
DE
Conseils Religieux et Moraux
A L'USAGE
DES ANCIENNES ORPHELINES
DE L'ADORATION

QUIMPER, IMPRIMERIE CORNOUAILLAISE

TABLE DES MATIÈRES

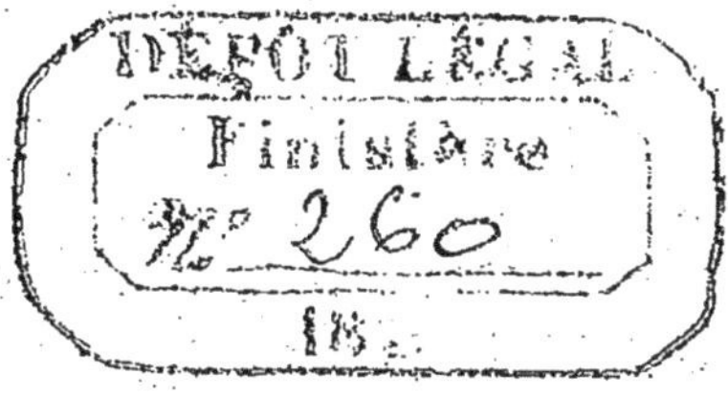

RECUEIL

DE CONSEILS RELIGIEUX ET MORAUX

A L'USAGE DES

Anciennes Orphelines de l'Adoration

Chapelle de l'Adoration, à Quimper.

Loué soit Jésus-Christ !

RECUEIL

DE

onseils Religieux et Moraux

A L'USAGE

DES ANCIENNES ORPHELINES

DE L'ADORATION

QUIMPER, IMPRIMERIE CORNOUAILLAISE

PRÉFACE

La vie chrétienne, c'est cette vie qui nous conserve dans l'amitié de Dieu et nous prépare au bonheur du Ciel.

A cette vie, Orphelines de l'Adoration, vous avez été initiées dans la maison où vous avez été élevées. Vous en avez apprécié les bienfaits, vous en avez compris la nécessité pour votre salut éternel, et, au moment de vous séparer de vos bonnes « Mères » vous n'avez qu'un désir : continuer à vivre d'une vie pleinement chrétienne, pour conserver toujours dans vos âmes, la douce paix qui vous a rendues si heureuses dans le passé.

Mais en quittant l'Adoration, vous vous trouverez plus d'une fois en face de difficultés que vous n'aviez pas soupçonnées, et dans des situations qui vous obligeront à changer vos habitudes et à organiser différemment vos exercices de piété. Devrez-vous vous en effrayer ou vous décourager ? Nullement. On vous l'a dit souvent, et c'est une vérité d'expérience, avec de la bonne volonté et le secours de Dieu, il vous sera toujours possible de demeurer bonnes chrétiennes.

C'est pour vous y aider que ce petit livre vous est présenté, c'est pour vous qu'il a été écrit. L'auteur y a résumé les enseignements pratiques qui vous ont été donnés au cours de votre séjour à l'Adoration et y a ajouté des conseils person-

nels plus directement appropriés à la nouvelle existence que vous allez commencer.

Conservez donc avec soin ce petit livre, relisez-le souvent. Il fera revivre devant vous le meilleur temps de votre vie ; il vous encouragera dans vos efforts ; il vous guidera dans vos difficultés, en vous rappelant sans cesse qu'une seule chose est nécessaire : « Sauver son âme ».

P. J.

Nihil obstat :

Quimper, le 30 Août 1927.

H. Pérennès, *C. D.*

Imprimatur :

Quimper, le 30 Août 1927.

P. Joncour, *V. g.*

INTRODUCTION

Ma chère Enfant,

Vous allez quitter la maison du bon *Dieu*, où vous êtes entrée bien jeune peut-être. Ce n'est certes pas sans serrement de cœur que vous dites adieu à tout ce qui vous entoure.

Adieu au toit qui vous a *abritée* et *préservée* de bien des dangers.

Adieu à vos *Mères*, qui vous suivront par la pensée et la prière, dans votre nouvelle existence.

Adieu aussi à vos compagnes, avec lesquelles vous avez vécu heureuse et tranquille, les *meilleurs jours* de votre vie.

Adieu au digne prêtre qui vous a soutenue de ses sages conseils et qui n'a qu'un désir : celui de vous voir vivre en bonne chrétienne et faire ainsi le *salut de votre âme*.

Adieu enfin à cette chapelle où vous receviez Notre Seigneur si souvent, et où vous avez été *comblée de grâces*.

Vous quittez donc tout, mon enfant, pour entrer dans le monde où vous allez vous trouver aux prises avec différents ennemis, que vous connaissez seulement de nom, car gardée en serre chaude, loin de tout danger, vous ne pouvez connaître la malice de ces ennemis. *Que Notre Seigneur et sa Sainte Mère vous gardent de leurs pièges séducteurs !*

I. — LE MONDE

Qu'est-ce que le Monde ?

Le monde, mon enfant, est l'ensemble de ceux qui ne *connaissent* pas Dieu, ne l'*aiment* pas, le *persécutent* même, et qui, les yeux et le cœur rivés à la terre, ne pensent qu'aux biens d'ici-bas, vivent par conséquent à la façon des animaux, caressant leur corps dont ils font une idole, sans jamais songer à *leur âme.*

La lutte contre Dieu est menée dans le monde par la Franc-Maçonnerie, par les entrepreneurs de plaisirs, par les maîtres de la *mode,* et par tous ceux qui flattent les *passions.*

Le monde est impie, pervers, corrompu et corrupteur... Il est méchant, souvent cruel. Notre Seigneur a maudit le monde :

« MALHEUR AU MONDE A CAUSE DE CES SCANDALES ! »

II. — DANGERS DU MONDE

I. — **Les occasions dangereuses.**

II. — **Les plaisirs défendus : danses, spectacles, etc...**

III. — **La coquetterie.**

IV. — **Les lectures.**

V. — **Les amies.**

VI. — **Les conversations.**

I. — Les occasions dangereuses.

A présent, mon enfant, que vous savez ce qu'est le monde, voyons quels sont les ennemis que vous y pouvez rencontrer.

Les occasions dangereuses. — L'occasion est une personne, une chose ou un lieu qui peuvent porter au mal. Le monde en est rempli.

Telle personne est pour vous une *tentation*, éloignez-vous d'elle promptement !

Dans telle maison vous savez que votre vertu sera mise à l'*épreuve ;* n'allez plus dans cette maison.

Dans telles réunions vous avez entendu certains avertissements de votre *conscience*, n'y retournez pas : « *Qui aime le danger y périra !* »

Telle lecture vous trouble et vous suggère mille pensées légères, mauvaises, déshonnêtes. Au feu ce livre. D'ailleurs, pour vos lectures, suivez les conseils donnés plus loin.

Certains tableaux, certaines images ou statues peuvent être pour vous un danger, passez et ne regardez pas.

II. — Les plaisirs défendus.

Certains plaisirs mondains peuvent vous attirer, ne vous y livrez pas.

Les plaisirs défendus sont :

1° Les Divertissements. — A votre âge, tout divertissement ne peut être interdit. Il en est de très bons, de reposants, de vivifiants qu'on trouve surtout dans les patronages. Ceux-là, il vous les faut ; ils entretiendront en vous la joie et la joie est une force !

Ceux du monde sont dangereux. — Fêtes mondaines, soirées dansantes, cinémas, etc. Tous ces plaisirs où les nerfs sont surexcités, l'imagination surchauffée, les sens flattés et le cœur tenté, sont trop malsains pour une âme qui veut rester belle et pure ; et si vous les fréquentiez vous risqueriez, mon enfant, d'y perdre la paix de votre conscience.

2° La Danse. — Les dangers de la danse sont très grands, mon enfant : vanité, dépenses excessives, envie de paraître, jalousie, paroles légères, pensées sensuelles, costumes indécents, rêveries malsaines, lassitude de l'âme, dégoût, etc..., etc... Quelle armée de fautes un seul acte peut engendrer !

Une femme du monde disait : « Une danse m'a suffi pour comprendre les dangers des bals ! » Un impie disait : « La danse ne peut servir qu'à gâter le cœur, et à livrer une guerre dangereus à la vertu ».

Le saint homme Job disait : « Les enfants de hommes aiment à sauter pour se réjouir, et tandis qu'ils se livrent aux transports de leur joie, ils glissent en enfer ».

En résumé, mon enfant, pensez que : *la danse est une folie et le paradis n'est pas fait pour les fous.*

3° Le Théatre. — Il est ordinairement immoral ; c'est un divertissement des plus *dangereux* pour une jeune fille.

Les maximes les plus fausses y sont applaudies, les passions les plus basses exaltées, tous les désordres dépeints et toutes les faiblesses excusées. On y ridiculise parfois la vertu, ou on s'ingénie à la rendre odieuse ; par contre, le vice y est souvent couvert de fleurs. Les institutions les plus saintes, les devoirs les plus sacrés de la famille et de la société y sont traités avec une légèreté et un scandaleux mépris. Comment de tels spectacles ne seraient-ils pas condamnés par la morale ?

Le *théâtre* est une *occasion de péché,* car ce qu'on y voit et ce qu'on y entend est de nature à porter au mal. Les sujets qu'on y traite sont souvent risqués, les costumes qu'on y voit, la société qu'on y coudoie, ces décors, ces lumières, cette musique, ces récits passionnés, tout cela produit sur l'imagination d'une jeune fille, sur son organisme sensible, une surexcitation qui aura vite raison de sa conscience. On ne peut aller au théâtre sans en revenir l'esprit troublé, la volonté énervée, et les sens pleins d'impressions fâcheuses. Comment une vertu, même solide, pourrait-elle longtemps y résister ?

Ce qui est dit du théâtre, s'applique également au CINÉMA. Prenez, mon enfant, la résolution ferme de fuir ces plaisirs défendus, qui vous feraient perdre *la paix de l'âme,* en même temps que votre *piété* et par là même votre *Dieu.*

III. — La coquetterie.

Un autre danger du monde, c'est la coquetterie.

La coquetterie, mon enfant, est un désir exagéré de plaire par l'abus des parures.

Quand une jeune fille est vraiment coquette, ce terrible défaut *gâte ses plus belles qualités* et lui enlève le sérieux que doit avoir son existence, car dès que le cœur est plein de bagatelles, il devient futile et vide.

La coquetterie offre beaucoup de dangers. Elle conduit d'abord à des *dépenses folles.* La jeune fille coquette est gaspilleuse, tout ce qu'elle gagne passe dans sa toilette. Elle ne trouve pas le moyen de faire des économies, et lorsque la maladie ou la vieillesse arrive, elle se trouve dans la misère et n'a de ressource que l'hôpital ; si encore c'était un hôpital chrétien !

La coquetterie fait *perdre un temps considérable ;* le temps est de l'argent a-t-on dit ; il passe mais ne revient pas. A la fin de sa vie, la coquette n'aura rien à offrir à Dieu ; elle n'a eu le temps de s'occuper ni de sa religion, ni de son prochain ; elle a gaspillé sa vie en ne s'occupant que de son corps.

Une jeune fille coquette *trouvera difficilement un époux*. Quel prétendant oserait en approcher? Si elle n'a que sa mise excentrique à offrir, ce ne sera pas suffisant pour un chercheur de dot. Un honnête commis ou ouvrier, n'oserait non plus la demander ; il ne gagnerait d'ailleurs pas assez pour satisfaire aux exigences de la toilette de sa femme, qui deviendrait pour lui un fléau, et serait la ruine de sa famille.

Le cœur d'une coquette *se durcit ;* aussi quand on lui tend la main, elle n'a qu'une réponse aigre et égoïste à donner. Elle a un chiffon à la place du cœur.

Vous objecterez peut-être, mon enfant, qu'il faut bien *suivre les modes*. Si elles étaient simples, modestes, tout en étant de bon goût, il n'y aurait pas de mal à les suivre ; mais laissez les fantaisies ridicules des modes actuelles, comme les bras nus, les décolletages, etc..., à certaines peu estimables créatures qui vivent de la mode... Si vous saviez d'où viennent ces modes !

N'oubliez pas que la coquetterie mène souvent à l'*inconduite* et cause les mêmes désordres que la paresse !

N'oubliez pas non plus que le Saint Père et les Evêques protestent énergiquement contre les modes actuelles, et les personnes qui les suivent, s'exposent à pècher gravement.

Restez donc *simple,* mon enfant ; ne soyez ni une poupée, ni une freluquette ; ne vous faites pas une gloire de venir près de vos maîtresses et de vos anciennes compagnes pouponnée, fardée, et dans un accoutrement qui les font rougir. Ne jouez ni à la marquise ni à la duchesse. N'essayez pas d'imiter de trop près les dames chez qui vous êtes placée, de manière qu'on ne sache plus laquelle est la maîtresse. En un mot, ne faites pas rire de vous, *ne vous rendez pas ridicule.*

Si vous êtes simple et modeste, ce sera toujours pour vos Mères, un grand plaisir de vous revoir.

IV. — Les lectures.

En général, mon enfant, lisez peu et ne dépassez pas les limites ou le temps fixé : chaque iour, faites une lecture pieuse de quelques instants, qui fortifiera votre âme. — Lire, c'est comme manger, si la nourriture est saine, elle fait du bien ; si elle est mauvaise, elle rend malade.

Ne vous faussez pas le jugement et ne vous gâtez pas le cœur, en lisant tout ce qui peut vous tomber sous la main, dans vos places ou ailleurs.

Ne vous exposez pas à *perdre la foi,* en lisant des journaux ou brochures impies. Vous finiriez par épouser leurs idées, leurs sentiments, et vous arriveriez, sans vous en douter, à empoisonner votre intelligence, à lui faire aimer le mensonge et l'erreur, que vous ne sauriez plus discerner. Bientôt les ténèbres envahiraient votre âme et la nuit ferait son œuvre !

Ne lisez pas de *romans* ; il en est d'eux comme des champignons, les meilleurs ne valent rien ; ils exaltent l'imagination et après les avoir lus, la jeune fille éprouve souvent un malaise, quand il lui faut, malgré tout, reprendre le cours de sa vie normale, et descendre dans les plus bas détails du ménage.

Donc, mon enfant, grande prudence dans vos lectures... Avant de lire quelque chose que vous ne connaissez pas, consultez votre confesseur et soyez-lui soumise.

Dans presque toutes les paroisses, il y a une *bibliothèque catholique ;* inscrivez-vous-y. Puis abonnez-vous, si possible, à une revue pour jeunes filles. Les annales *Fleurs de Lys* sont excellentes. Vous adresser pour l'abonnement à Mlle de Foulques, 19, rue des Tisons, Alençon (Orne) (1).

---

(1) Les livres que doit posséder une jeune fille vraiment chrétienne : un *Paroissien* aussi complet que possible ; un *Evangile :* les 4 évangiles en un seul, ou les évangiles du dimanche, que vous avez appris chaque semaine au couvent ; une *Imitation* de N. S. J.-C. Que vos premières économies soient consacrées à cette pieuse acquisition.

V. — Les amies.

Une amie est *difficile* à *trouver* et plus difficile encore à *conserver.*

Pour vous, mon enfant, ce choix est fait en partie, si vous restez dans la même ville que la communauté où vous avez été élevée ; là, en effet, vous retrouverez vos *maîtresses* et vos *anciennes compagnes ;* mais si vous vous éloignez, ou même en dehors du couvent, vous pouvez rencontrer d'autres amies qui auront sur vous une influence bonne ou mauvaise.

Ne courez pas le danger de vous diminuer et peut-être de vous perdre, en vous liant d'amitié avec des personnes qui n'en sont pas dignes : « Dis-moi qui tu fréquentes, je te dirai qui tu es. »

Ne faites pas votre amie d'une jeune fille *légère,* qui ne parle que de frivolités et n'aime que les plaisirs mondains.

Ne faites pas votre amie d'une jeune fille *impie,* qui n'est chrétienne que de nom.

Ne faites pas votre amie d'une jeune fille qui critique tout : le prochain, la religion, les prêtres, les religieuses, etc..., fuyez-la comme on fuit un serpent venimeux.

A supposer que vous trouviez une amie vraiment digne de vous, sachez la *conserver,* car bien comprise, l'amitié chrétienne est un trésor dans les bons et les mauvais jours ; c'est celle-là que je vous souhaite, mon enfant, pour votre bien comme pour le charme de votre vie.

VI. — Les conversations.

Converser, c'est « donner et recevoir ».

On peut, en conversant, donner le bien ou le mal. Il faut donc prendre deux précautions :

1° Choisir les personnes avec qui vous conversez ;

2° Ne pas admettre, ni épouser tous les jugements portés devant vous.

Vos conversations, mon enfant, doivent emprunter un genre particulier, selon les personnes avec qui vous les tenez.

Dans votre *famille* ou avec vos *maîtresses*, sans cesser d'être respectueuse, vous serez confiante, communicative.

En *société*, répondez, simplement et aimablement, aux questions qui vous sont posées.

Avec les *étrangers*, soyez brève et réservée.

Avec des *supérieurs*, des ecclésiastiques, soyez simple et respectueuse.

Si vous êtes placée, soyez de même avec vos *maîtres*, tout en étant confiante dans les limites où on vous permettra de l'être.

Avec vos *compagnes*, soyez affable, gaie sans trivialité ; ne vous servant jamais de mots ou termes d'argot qui ont cours dans les casernes ou dans le monde vulgaire.

En un mot, dans vos conversations comme

dans les expressions, l'attitude ou le ton de voix, soyez toujours digne.

Une jeune fille bien élevée ne doit jamais hausser la voix pour appeler quelqu'un dans la rue ni ailleurs, pas plus que faire de grands gestes, rire avec éclat, etc...

Egalement, dans vos conversations, *respect aux choses saintes*. N'admettez jamais de plaisanterie sur ce qui touche la religion. Montrez de suite que cela vous déplaît. Ses dogmes, sa liturgie, sa hiérarchie, sont sacrés.

Respect, oh combien grande aussi, à l'*angélique vertu*. Que jamais une parole contre la modestie ou l'honnêteté ne sorte de votre bouche. Ce qui choque dans la bouche des autres jeunes filles, scandaliserait dans la vôtre. Sachant que vous avez été élevée dans une communauté, on s'attend à trouver en vous plus d'innocence et de pudeur dans vos paroles, comme dans votre conduite.

Respect encore à la *charité*. Se moquer du prochain, le dénigrer, le critiquer, c'est aller contre le commandement de Dieu.

Il va sans dire aussi que les *secrets* reçus ou surpris sont à respecter, même entre amis, autrement, passant d'intime à intime, ils cesseraient d'exister.

A respecter également dans les conversations, le *domaine de la conscience*... Dieu seul par son représentant sur la terre y peut et y doit pénétrer... On ne doit donc jamais s'entretenir de ses tentations, ni de ses faiblesses, pas plus que des confessions faites et directions reçues... Ce sont là des choses réservées, exigeant un rigoureux silence.

Enfin, mon enfant, sachez respecter la *maison de Dieu,* trop souvent profanée par les conversations de tous genres qui s'y tiennent. Si, près de vous, des personnes se permettent de parler, que votre attitude leur rappelle leur devoir.

Silence aussi aux *enterrements ;* respectez la douleur de la famille, et priez pour le défunt.

III. — MOYENS A EMPLOYER POUR ÉCARTER LES DANGERS DU MONDE

I. — **La piété.**

II. — **La prudence.**

III. — **Justice et charité.**

IV. — **Ordre et économie.**

I. — La piété.

Il ne suffit pas, mon enfant, que vous connaissiez les dangers du monde, il faut prendre les moyens de les écarter.

Notre Seigneur vous en offre deux Lui-même : « Veillez et priez, » dit-Il dans son Evangile. « Exercez-vous à la piété, dit ailleurs S. Paul, elle est *utile à tout* », elle renferme les promesses de la vie présente, et celles de la vie future.

Il faut vous convaincre avant tout, que sans Dieu vous ne pouvez rien faire, et qu'une vie sans Dieu est une vie inutile et perdue.

Au couvent, mon enfant, vous étiez dans une atmosphère de piété et vous en suiviez, comme naturellement, les différents exercices ; en partant vous ne devez pas vous *débarrasser* de cette piété, comme on se débarrasse d'un vêtement gênant. C'est lorsque vous serez dans le monde qu'on jugera si votre piété est vraiment profonde et sincère.

La vraie piété ne consiste pas dans une multitude de prières et de pratiques de dévotion au détriment de vos devoirs d'état ; mais elle consiste à rendre à Dieu ce que vous lui devez.

Vous connaissez suffisamment vos devoirs envers Dieu ; cependant, il est bon de vous en rappeler quelques-uns, au cas où vous seriez tentée de les négliger :

1° Chaque *matin*, dites votre prière à genoux, offrant à Dieu votre journée, en lui demandant ses grâces.

2° N'omettez jamais la messe du *dimanche,* à moins d'un motif très grave. Si cela vous est possible, assistez-y encore dans la semaine et si vous ne le pouvez pas, faites tous vos efforts pour l'entendre le premier vendredi du mois et les fêtes de la Sainte Vierge !

3° *Communiez souvent.* En vous nourrissant de Jésus, vous sentirez le besoin d'éviter le mal et de faire le bien ; votre âme deviendra plus pure et plus forte, et avec Lui, vous vous élèverez au-dessus de tous les dangers.

4° Dans la *journée,* pendant votre travail, pensez de temps en temps à Dieu en faisant un acte d'amour.

5° Tâchez de faire une petite *lecture pieuse* de quelques instants, avant de vous coucher, si vous n'avez pu la faire à un autre moment de la journée.

6° Si vous sortez pour faire quelque commission, et que vous passez devant une église, faites, si possible, une petite *visite* à Jésus.

7° Si l'occasion se présente (et ces occasions seront nombreuses, mon enfant) de faire un *sacrifice,* faites-le généreusement, et soyez heureuse d'avoir quelque chose à offrir à Dieu. Ne passez pas un jour sans faire au moins quelques actes de renoncement et d'abnégation.

8° Le *soir,* faites votre prière à genoux et examinez votre conscience.

9° Dites votre *chapelet* chaque jour, puis les 6 *Pater* pour les âmes du purgatoire; enfin, avant de vous endormir, continuez à dire, comme au couvent, les *trois Ave Maria,* pour demander la grâce d'une bonne vie et d'une sainte mort.

10° *Confessez-vous* souvent, choisissez bien votre confesseur et ne le quittez plus.

11° Les dimanches et jours de fêtes, suivez autant que possible, les *offices de la paroisse.*

12° Soutenez les *œuvres* paroissiales. Participez aux œuvres du denier du culte, des vocations sacerdotales, de la Propagation de la Foi, c'est votre devoir.

Si vous faites ainsi, mon enfant, votre vie sera très belle et très méritoire, parce qu'elle aura été toute pénétrée de vraie et solide piété.

II. — La prudence.

La prudence est une vertu absolument indispensable, qui règle nos actions, nos désirs, nos démarches, etc...

Posez-vous souvent cette question, mon enfant *Suis-je prudente,* c'est-à-dire réfléchie, posée, ne me laissant conduire ni par le caprice, ni par une passion quelconque ?

Vous devez être prudente dans votre *piété* d'abord. Sans doute, l'excès n'y est guère à craindre mais la vôtre est-elle suffisante pour vous assurer les grâces dont vous avez besoin ? Ne pensez et ne tenez-vous pas trop aux choses de la terre « Que sert à l'homme de gagner l'univers, s'il vient à perdre son âme ? »

Vous devez être prudente dans vos *affection*

Que d'imprudences sont commises chez les jeunes filles, de la part de ce malheureux cœur, s'attachant si vite, si fort, et parfois même si sottement ! Vous apercevez-vous, mon enfant, qu'une affection trop vive, trop sensuelle, ou qui n'est pas permise vous domine, ne tardez pas à la réduire énergiquement. Outre qu'elle vous porterait à la rêverie et vous amollirait, elle vous préparerait encore des écarts, des humiliations ou des chagrins, qu'il faudrait à tout prix savoir éviter. Il est plus sage de rester maîtresse de son cœur et de ne le donner qu'avec une extrême prudence. Rappelez-vous qu'il est deux placements très difficiles : celui de son argent et celui de son cœur.

Vous devez être prudente dans vos *relations*. Une jeune fille, aujourd'hui plus que jamais, doit se tenir réservée, ne pas se lier au premier venu, ni croire que parce qu'un jeune homme l'aura regardée, ou lui aura parlé une fois, il veuille pour cela l'épouser.

Soyez prudente dans vos *distractions*. Que de jeunes filles se lancent dans la voie des plaisirs, courent les bals, dans le but de trouver plus facilement à se marier ! Si elles y réussissent quelquefois, elles sont à plaindre, car, en général, l'union amorcée dans de tels milieux, ne saurait apporter avec elle, la bénédiction de Dieu, ni procurer le bonheur. Mais la plupart du temps, elles n'obtiennent pour résultat, que de se faire déprécier, et par conséquent, de compromettre leur avenir !

Enfin, mon enfant, si *un parti se présentait pour vous,* il faudrait, là surtout, agir avec prudence, réfléchir et prier, puis prendre discrètement des renseignements sur le jeune homme qui vous demande... Ne le recevez jamais seul chez vous... Ne sortez jamais seule avec lui, ni le jour et encore moins la nuit.

S'il vous arrivait de *voyager seule,* en chemin de fer par exemple, et que vous eussiez besoin d'un renseignement quelconque, soyez prudente et réservée, ne laissant voir à personne votre embarras, mais adressez-vous à un agent, à une personne âgée, ou mieux encore, aux dames qui sont chargées de l'œuvre « La protection de la jeune fille », qu'on trouve surtout dans les grandes gares, et qu'on reconnaît à leurs insignes. Dans toutes les gares un peu importantes des affiches blanches et jaunes indiquent l'endroit de la ville où les jeunes filles peuvent trouver aide et protection.

Si dans vos places, mon enfant, vous étiez exposée à dormir à un étage supérieur de la maison, comme cela se fait dans les grandes villes, *fermez prudemment votre porte* et ne liez aucune relation avec les personnes qui habitent cet étage.

Enfin, si dans votre place même, vous étiez exposée à perdre votre vertu, *quittez immédiatement.* Dans de pareils cas, vous n'êtes pas tenue à donner vos huit jours.

Si malgré toutes ces recommandations et l'éducation chrétienne que vous avez reçue, il vous arrivait de *manquer gravement* de prudence, il ne faudrait pas pour cela vous décourager. Dieu est bon et ses miséricordes sont infinies ! Mais si votre réputation était atteinte et si vous vous trouviez dans la même ville que la communauté où vous avez été élevée, éloignez-vous promptement, à cause du scandale que vous donneriez et du tort que vous feriez à vos compagnes, à vos Maîtresses et par là même à la religion.

Si, plus tard, vous rachetiez le passé par votre bonne conduite, vos Maîtresses ne voulant pas être plus sévères que Notre Seigneur, vous ouvriraient de nouveau leurs bras et leur cœur !

Enfin, ma chère enfant, pour avoir la prudence, il faut la demander à Dieu... Faites tous les jours cette petite prière : « Seigneur, montrez-moi ce qu'il faut faire, et donnez-moi le courage de l'accomplir ! »

III. — La justice et la charité.

Qu'est-ce que la justice ?

La justice, mon enfant, est une vertu qui nous fait rendre à chacun ce qui lui est dû, et qui nous fait respecter les droits des autres.

1° Les droits de *Dieu*... Vous les connaissez, mon enfant. Dieu étant notre Créateur et notre Sauveur, nous devons l'adorer, le servir, le remercier, accomplir toute sa loi, nous soumettre à son Eglise et, en certaines circonstances, lui faire le sacrifice de notre volonté et même de notre vie quand Il nous le demande.

Toutes les fois qu'on manque de respect à Dieu et qu'on lui désobéit, on commet une injustice plus ou moins grave à son égard.

2° Devoirs envers le *Pape*.

Le Pape, c'est Jésus-Christ sur terre, c'est le Père commun et Père parfois abreuvé d'amertumes par ses propres enfants. Aimez-le, priez pour lui ; défendez-le contre l'ignorance et la méchanceté. Soyez une fille soumise et dévouée au Pape, vous serez vraiment une fille de Dieu.

3° Devoirs envers le *prêtre*.

Après Dieu, mon enfant, le prêtre c'est tout. Il est l'administrateur des biens de Dieu, le dispensateur des sacrements, le confident des plus intimes secrets ; sans prêtre pas de religion, et sans religion il n'y aurait ni ordre, ni justice, ni paix.

Mon enfant, dans le prêtre il faut donc voir Dieu et non pas l'homme. Ecoutez-le toujours avec confiance et soumission ; il a grâce d'état pour trancher vos difficultés ; acceptez ses décisions, utilisez les remèdes qu'il vous propose pour la guérison de votre âme. A son égard, soyez toujours très respectueuse ; évitez de le critiquer ; ne supportez pas qu'on le blâme devant vous ; nul plus que le prêtre, n'a besoin de sa réputation.

Demandez à Dieu des vocations sacerdotales. Priez souvent pour les prêtres, afin qu'ils soient saints et que leur ministère soit compris et fécond.

4° Devoirs envers les *parents*.

Mon enfant, si pour une raison ou pour une autre, vos parents n'ont pû avoir le bonheur de vous élever, il n'est pas moins vrai pour cela, que vous avez des devoirs à remplir envers eux.

Votre catéchisme vous dit que vous devez les assister dans leurs besoins, dans leurs maladies et dans leur vieillesse, leur procurant tous les soins qui leur sont nécessaires.

Ne rougissez jamais de vos parents pauvres ; aidez-les de vos gages et sachez même vous priver pour leur venir en aide.

Consolez-les dans leurs peines, en leur montrant beaucoup d'affection. Dieu comble de bénédictions les enfants qui ont un culte pour leurs vieux parents !

Si vous les voyez éloignés de la religion, oh alors, employez tous les moyens pour les gagner à Dieu.

Enfin, priez pour eux après leur mort et faites dire des messes pour le repos de leur âme.

5° Devoirs envers vos *maîtresses.*

Privée de vos parents peut-être, il ne vous reste plus, mon enfant, que le devoir de prier pour eux ; mais vous avez envers vos maîtresses qui ont tenu près de vous leur place, des devoirs de respect et de reconnaissance à remplir.

N'oubliez jamais que pour vous élever, elles ont quitté ce qu'elles avaient de plus cher au monde : amis, biens, parents, et vous ont donné jusqu'à leur vie même. Si vous n'étiez pas reconnaissantes à leur égard, Dieu ne pourrait vous bénir !

Priez donc pour elles, aimez-les comme elles vous aiment ; donnez-leur souvent de vos nouvelles; fréquentez toujours la communauté qui est votre maison, votre « chez vous ». *Défendez-les* au besoin contre les méchancetés et les calomnies que le démon suscite quelquefois contre les âmes consacrées à Dieu, enfin, soyez leur consolation ici-bas par votre vie chrétienne, afin d'être un jour leur couronne dans le Ciel !

6° Devoirs envers vos *supérieurs.*

Si vous êtes placée, mon enfant, vos maîtres sont vos supérieurs, et par là-même vous avez bien des devoirs à remplir envers eux !

a) La fidélité dans les contrats, c'est-à-dire l'obligation de fournir intégralement le travail auquel vous vous êtes engagée. Vous leur feriez tort si vous passiez un temps notable à lire, à bavarder, à travailler pour vous sans permission, ou encore en laissant, par votre faute, perdre, gâter ou prendre quelque chose de leurs biens.

b) Ce serait manquer gravement à la justice que de ternir la réputation de vos maîtres, en divulgant leurs secrets, leurs peines, leurs défauts, etc..

Si vous les quittez, vous devez garder une absolue discrétion sur tout ce que vous avez pu voir ou entendre dans leur vie privée.

7° Devoirs envers les *égaux* et les *inférieurs.*

Vos compagnes de couvent, et, si vous êtes placée, les autres domestiques de la maison, sont vos égaux. Vous avez à remplir également envers eux, des devoirs non proprement de justice, mais de charité. Sachez vous supporter mutuellement, vous rendre service, vous consoler dans vos peines, aider ceux qui sont fatigués ou surchargés, éviter les rapports aux maîtres sans raisons très graves, et sans avoir préalablement consulté.

Les enfants de vos maîtres sont vos inférieurs tout en étant, dans une certaine mesure, vos supérieurs. Sachez vous faire aimer et respecter d'eux, vous y arriverez en les aimant et en les respectant vous-même. Parlez-leur toujours avec bonté, leur montrant doucement leurs torts et les aidant dans leurs petites difficultés. S'ils vous manquaient de respect ou d'obéissance, ne prenez pas sur vous de les punir, à moins que vous en ayiez reçu l'autorisation des parents, et même dans ce cas, faites-le discrètement ; n'allez jamais jusqu'à les frapper. S'ils ne se rangent pas à vos raisons et si vous ne pouvez les prendre par le cœur, prévenez alors les parents.

Pour vous garder dans une absolue justice devant Dieu et devant les hommes, suivez bien, mon enfant, les trois conseils suivants :

1° Maintenez votre âme dans le *détachement* des choses périssables de ce monde et de l'argent en particulier, vous rappelant que n'ayant rien apporté en venant au monde, vous n'en emporterez rien non plus.

2° Combattez énergiquement l'*égoïsme*, qui porte si facilement à satisfaire ses propres convoitises, même au préjudice des autres.

3° Evitez les *moindres fautes* en cette matière ; la passion de l'argent s'accroît peu à peu par les gains injustes ; les petits vols conduisirent Judas à vendre Notre Seigneur. Vous habituer à de petites indélicatesses, ce serait vous exposer à en commettre de plus grandes !

Même sous prétexte d'insuffisance de gages, vous ne devez pas retenir quelques sous sur les marchés ou commissions que vous pouvez faire.

Si vous trouviez quelqu'argent ou objet, soit chez vos maîtres ou ailleurs, vous devez le rendre immédiatement ; si vous n'en connaissez pas le propriétaire, il est toujours facile d'en faire la déclaration, soit à la mairie ou au commissariat de police.

L'injustice ici-bas, mon enfant, n'est cause que de tourments, de souffrances et d'ennuis, aussi, ayez-en la plus vive horreur et promettez-vous de chérir de plus en plus la justice, contribuant ainsi, pour votre part, à l'établissement de la paix sur la terre.

Quoi qu'il puisse vous en coûter, rendez donc, toute votre vie, à César ce qui est à César, et à Dieu ce qui est à Dieu. Vous n'aurez qu'à vous en louer sur la terre et dans l'éternité !

IV. — L'ordre et l'économie.

L'*ordre* consiste : 1° à faire chaque action en son temps ; 2° à donner une place convenable à chaque chose. L'ordre est une qualité qui apporte avec elle de nombreux avantages : elle soulage la mémoire, ménage le temps, rend le travail plus facile et plus prompt, conserve les choses et fait entrer le calme dans l'esprit.

Une femme d'ordre vaut mieux qu'un trésor ; c'est la providence du foyer domestique..

Une jeune fille ordonnée se lève toujours à l'heure ; sa chambre et son lit sont bien faits ; chaque soir elle fait la visite de ses vêtements et répare les plus petits dégâts qui s'agrandiraient vite sans ce soin ; elle ne supporte sur elle ni autour d'elle, ni taches ni déchirures. Son ménage est parfaitement fait ; sous les meubles tous les coins sont visités, essuyés ; l'intérieur des armoires arrangé de manière que le linge puisse être facilement sorti et ce linge toujours compté, raccommodé, repassé et mis à la place désignée.

Ses repas sont toujours prêts à l'heure, elle ne se fait jamais attendre, la vaisselle aussitôt lavée et essuyée.

Ses chaussures et ses vêtements sont toujours brossés avant qu'elle ne les rentre.

Si dans vos places vous agissez ainsi, mon enfant, vos maîtres seront contents de vous et vous prendrez de bonnes habitudes, lorsque vous serez vous-même dans votre ménage..

L'*économie* n'est autre chose que l'ordre dans les dépenses.

En sortant du couvent, vous pouvez être tentée d'acheter une nouvelle toilette et quelques parures, gardez-vous d'y succomber ; la communauté pourvoit largement à vos besoins pour plusieurs mois, contentez-vous-en, autrement vous ne vous relèveriez que difficilement.

Ne demandez jamais d'avances sur vos gages; *n'empruntez* jamais non plus. Si vous n'avez pas l'argent nécessaire pour acheter ce que vous dési- rez, attendez, vous n'aurez pas ainsi la honte de porter quelque chose qui n'est pas à vous.

Ne faites jamais de dettes. Sachez tous les mois faire une part de vos gages que vous placerez en mains sûres, si vous les gardiez ils ne rapporte- raient rien, consultez pour ce placement, des personnes qui ont à cœur votre intérêt.

Ne gaspillez pas votre argent, ni en pâtisserie ni en colifichets ; pensez à préparer votre avenir afin de ne pas vous trouver au dépourvu, lorsqu vous fonderez un foyer ou si vous étiez malade

L'ordre n'est pas minutie, ni économie avarice Il faut savoir, mon enfant, rompre ses habitude quand la raison l'exige et laisser la place à l charité et même aux petites délicatesses que votr bon cœur vous suggérera envers les personne auxquelles vous devez l'affection et la recon naissance.

IV. — VOTRE AVENIR

I. — **La Vocation en général.**

II. — **La Vocation religieuse.**

III. — **Le Mariage.**

IV. — **La Virginité dans le monde.**

I. — La Vocation en général.

Quelle est votre vocation ? — La vocation es un appel de Dieu à le servir dans un état de vi particulier, où Il nous ménage les grâces néce saires pour acquérir le ciel.

Notre principale vocation à tous, c'est d'aim et de servir Dieu, nous ne sommes sur la ter que pour cela.

Sans doute, mon enfant, vous connaissez vot vocation particulière. Les longues années qu vous avez passées dans la solitude du couver puis surtout, pendant ces jours bénis de retraite que vous suiviez tous les ans, vous av entendu l'appel de Dieu ; mais si vous ne le co naissez pas encore, demandez les lumières l'Esprit Saint, puis consultez vos goûts, v attraits, vos répugnances, etc. ; consultez en votre confesseur !

L'essentiel est de choisir l'état de vie qui s le plus favorable à votre salut ! Souvenez-vo de vos fins dernières, et en face de l'éterni vous examinerez plus sérieusement la questi de votre avenir. Avant tout, dites-vous bien « Je veux être chrétienne dans le présent et da l'avenir pour m'assurer le Ciel.

Dans tous les états de vie vous pouvez vo sanctifier, mais à la condition d'avoir, dans ce que vous choisirez, la volonté d'atteindre le deg de perfection auquel Dieu vous appelle.

II. — La Vocation religieuse.

Mon enfant, si Dieu vous appelle à la vie religieuse, Il vous fait assurément une grande grâce. Vivre tout près de Lui, de chétive créature devenir l'Epouse du Christ, avoir le centuple promis à ceux qui auront tout quitté pour le suivre, en attendant d'aller là-haut chanter le cantique de l'Agneau, c'est un incomparable honneur qui n'est accordé qu'à un petit nombre.

Si vous aviez ces désirs au couvent, vous avez dû en parler à votre Directeur, qui vous aura donné une marche à suivre, mais si l'appel du bon Dieu ne s'est fait entendre que lorsque vous êtes entrée dans le monde ou même quelques années plus tard, voici, mon enfant, quelques conseils qui vous aideront à reconnaître l'appel divin.

La vocation religieuse ne doit pas être le fruit d'une imagination enthousiaste. On reconnaît la volonté de Dieu à trois marques principales : *à la droiture d'intention, à l'attrait et aux aptitudes.*

La jeune fille qui songe à se faire religieuse a une intention droite, quand elle a pour but de sauver son âme, d'aimer Dieu plus parfaitement et de se dévouer plus généreusement au bien spirituel et corporel du prochain. De tels désirs, s'affermissant avec le temps et malgré les épreuves, semblent bien venir de Dieu.

Quand Dieu appelle, Il donne toujours dans

une certaine mesure, les qualités nécessaires pour répondre à son appel. Ces aptitudes sont : un jugement droit, une conscience bien équilibrée, une intelligence suffisamment ouverte pour comprendre et la perfection chrétienne et les charges particulières de la maison où l'on entre.

Un caractère souple et bon permettant de supporter les remontrances et les contrariétés, ainsi que les défauts des autres ; un fond de bonne humeur et de confiance ; une tendance marquée à la piété et à la mortification ; une volonté arrêtée de se donner totalement à Dieu.

Au point de vue physique, il faut en général, l'exemption de certaines infirmités, être de famille honnête, avoir une santé résistante, posséder une certaine dot ou à son défaut certains talents. Si vous êtes habile en travaux manuels, c'est un talent qui sert de dot en certaines communautés.

Une jeune fille qui se croit appelée à la vie religieuse, doit en toute franchise et simplicité, faire part à son Directeur de ses aspirations et de ses aptitudes pour que celui-ci puisse, avec l'aide de Dieu, la fixer sur le genre de vie qui lui conviendrait le mieux

N'oubliez pas, mon enfant, que la vie religieuse est une vie d'abnégation et de sacrifice.

Par le vœu de chasteté, il faut renoncer non seulement à toute affection sensible, mais encore se priver de tout ce qui entraverait son vol vers Dieu, et par conséquent, garder toujours son âme, son cœur, ses sens purs, dégagés et libres.

Par le vœu de pauvreté il faut se dépouiller de son argent, de ses objets personnels, de ses souvenirs. Ne rien posséder en propre, abandonner tout aux mains des supérieurs.

Par le vœu d'obéissance, vivre de renoncement à son amour-propre, à ses goûts, à ses aptitudes, à ses prétentions. Il faut se dévouer aux œuvres et aux âmes, non à sa façon mais suivant les ordres de ses supérieurs.

Voilà une esquisse rapide de la vie religieuse ; si vous voulez plus amples détails, prenez le petit livre des Novices, que vous trouverez dans toute librairie catholique.

Si la vie religieuse semble s'ouvrir devant vous, mon enfant, soyez-en reconnaissante à Dieu, rien de plus heureux pour cette vie et pour l'autre ne saurait vous arriver. Si c'est une vie pénible à la nature, elle assure une mort douce, et le plaisir de mourir sans peine, disait un saint, vaut bien la peine de vivre sans plaisir.

III. — Du mariage.

Il n'est pas besoin d'une longue expérience, pour constater qu'un trop grand nombre de jeunes filles se marient sans savoir ce qu'elles font et sans connaître la gravité des obligations qu'elles s'imposent.

Qu'il n'en soit pas ainsi pour vous, mon enfant, qui rêvez de fonder un foyer. Assurez votre bonheur en vous appliquant à l'acquisition des vertus qui font les épouses et les mères selon le Cœur de Dieu ; sachez allier la modestie au travail, à l'ordre, à l'économie, vertus indispensables pour être la joie d'un mari et lui faire passer en paix, toutes les années de sa vie.

Soyez *pieuse* surtout. De par Dieu, la femme est l'auxiliaire de l'homme, si elle doit l'aider dans les affaires temporelles, elle doit surtout se soucier de ses intérêts spirituels. Ensemble ils doivent tenter de réaliser le bien-être au foyer, ensemble surtout, ils doivent s'efforcer de conquérir le paradis, où ils demeureront unis pour toujours.

Formez-vous à l'*obéissance* et à la *soumission* : Que la femme, dit saint Paul, soit soumise à son mari. L'homme est le chef de la femme, comme le Christ est le chef de l'Eglise.

Enfin, pour pratiquer le support mutuel, qui est un des grands et continuels devoirs de la vie conjugale, il faut avoir *bon caractère*, savoir se dominer dans la contradiction par l'égalité d'humeur ; être souriante, affectueuse, bonne, humble, patiente, s'oublier pour faire le bonheur des autres, ainsi, le mari trouve son intérieur agréable, ce qui l'empêche d'aller chercher en dehors de chez lui joie et bonheur.

Toute jeune fille appelée au mariage, doit connaître les empêchements que l'Eglise a formulés et se conformer aux prescriptions relatives aux personnes, aux bans, au temps, etc.

Vous avez appris tout cela, mon enfant, dans votre catéchisme de persévérance que vous pourrez consulter de nouveau, au moment où vous aurez besoin d'être éclairée.

J'attirerai seulement votre attention sur les deux points suivants :

1° Le mariage ne peut être exclusivement *civil*. — Ce n'est pas un contrat comme un autre, c'est un lien personnel, un lien de conscience que Dieu seul peut former, et l'Etat qui a pour charge insigne de gouverner la vie sociale, n'a pas le droit de pénétrer dans le sanctuaire de la conscience.

De plus, il faut que le mariage soit religieux, car il comporte des charges auxquelles Dieu seul peut subvenir. Le mariage ayant ses obligations très graves, ses croix parfois bien lourdes, ses dangers, ses sacrifices et ses immolations, comment, sans Dieu, pourrait-on porter ce joug jusqu'au bout ?

2° Le mariage est *indissoluble*. — Le divorce est entré dans la loi et a envahi les mœurs, portant à la famille un formidable asssaut. Il demeurera toujours interdit par les lois divines. Dans l'Evangile, Notre Seigneur affirme l'indissolubilité du mariage dont Il fait une des lois fondamentales de la morale chrétienne : « L'homme s'attachera à sa femme et ils seront deux dans une même chair ».

« Permettre le divorce, disait Léon XIII, c'est semer la discorde à pleines mains, c'est fouler aux pieds la dignité et l'honneur de la femme, c'est enlever tout frein aux passions honteuses, c'est affaiblir et anéantir les nations. »

Le divorce avilit le mariage, détruit les foyers, cause le malheur des parents et fait de l'enfant une pauvre victime. Et vis-à-vis de Dieu et de la conscience, la situation des divorcés est bien triste.

Nul ne peut demander le divorce, sans être gravement coupable. C'est une faute plus grave encore de recourir à une nouvelle union. Les divorcés ne peuvent recevoir la grâce de l'absolution, ni participer à aucun sacrement.

Douloureuse pendant la vie, la position des divorcés devient angoissante et terrible à l'heure de la mort, et s'ils viennent à mourir sans avoir fait une réparation suffisante de leur faute, les divorcés étant des pécheurs publics, seront privés des honneurs de la sépulture religieuse.

Si le mariage était vraiment malheureux et que, soit par châtiment ou par épreuve, les forces humaines étaient dépassées, l'Eglise permet aux époux de recourir à la séparation de corps et de biens qui ne rompt pas le lien conjugal et n'autorise pas un autre mariage.

D'après ce qui vient d'être dit, vous voyez, mon enfant, que le mariage est grand et honorable en tout, dans son but comme dans sa dignité et qu'on ne saurait mettre trop d'importance dans le *choix d'un époux*. Voyez donc, avant tout, s'il est *profondément chrétien*, éprouvez-le un peu de ce côté, afin de n'avoir pas à vous repentir trop tard, si le masque tombait.

Si la question religieuse doit être envisagée la première dans le choix d'un époux, il en est plusieurs autres qui réclament également un examen sévère : voyez s'il possède une *réputation intacte ;* s'il a des habitudes d'ordre et de travail; s'il n'est ni buveur, ni jureur, ni jaloux, ni emporté. Ne prenez pas non plus un mari notablement plus jeune que vous, mieux vaut qu'il soit de quelques années plus âgé que vous.

Le jeune homme qui, dans sa première jeunesse, a commis quelques fautes de fragilité, pourra néanmoins, s'il s'est *sérieusement amendé,* remplir loyalement ses devoirs d'époux et de père ; mais si sa conduite a été longtemps irrréguliere et scandaleuse, gardez-vous bien, même s'il paraissait changé, de l'accepter pour époux.

La débauche laisse à ceux qu'elle flétrit, des stigmates honteux et contagieux, et souvent un triste héritage pour les enfants.

On ne peut exiger des jeunes gens qu'ils soient des saints, mais il faut exiger qu'ils ne soient pas vicieux, de peur qu'ils n'apportent au foyer conjugal de ces habitudes viles qui contaminent et perdent l'âme.

Vous devez encore considérer, mon enfant, si le parti qui se présente pour vous, pourrait vous permettre, avec la situation de votre mari, de tenir votre maison, au cas où la maladie viendrait fondre sur vous ou sur lui.

Le mariage est un voyage long, pénible, difficile. Avec la grâce que Dieu communique par le sacrement bien reçu, on peut l'effectuer courageusement et non sans consolation.

C'est un sacrement qu'il faut recevoir en état

de grâce ; aussi dès la veille, recevez plus saintement que jamais, les sacrements de pénitence et d'Eucharistie. Inaugurez par une confession générale, votre vie nouvelle et amenez votre fiancé, à partager vos sentiments et vos vues.

IV. — La Virginité dans le monde.

Il est des jeunes filles qui, manquant d'aptitudes, de santé par exemple, ne peuvent ni se marier, ni entrer au couvent.

Certaines n'ont aucun attrait pour ces deux états. D'autres, victimes de circonstances impérieuses ou providentielles, sont empêchées de suivre leur inclination.

Mon enfant, si le mariage vous fuit et si par ailleurs, vous ne sentez aucun attrait pour la vie religieuse, c'est que Dieu qui marque sa volonté par les événements, vous appelle à la *virginité dans le monde.*

Gardez-vous de vous décourager et de penser que votre avenir est brisé. Vous avez au contraire une *belle* et *grande mission* à remplir. Pensez que le bon Dieu veut que vous l'aimiez plus que les autres. A côté des pécheurs, il faut des âmes pures qui contrebalancent par leur amour et leur fidélité, le mal qui se fait dans le monde.

A côté des âmes qui courent les bals, les spectacles et les plaisirs défendus, il en faut qui courent à l'Eglise et à la Table sainte.

Vivez le plus possible. mon enfant, dans le calme et l'union à Dieu ; communiez pour ceux qui ne communient pas ; aimez pour ceux qui qui n'aiment pas.

Si vous êtes placée, vous pouvez faire beaucoup de bien autour de vous, par votre abnégation, votre patience, votre piété. Si surtout vous êtes près de jeunes enfants, oh alors formez ces petites âmes à la vertu et à l'amour du bon Dieu.

Si, près de vous, se trouvaient des jeunes filles livrées à elles-mêmes ; si surtout c'étaient des orphelines comme vous ; soyez leur soutien en étant pour elles une sœur et au besoin une mère, les consolant dans leurs peines et les soutenant dans leurs luttes !

Soyez aussi le soutien des réunions d'enfants de Marie ou autres, montrant par votre présence, toute l'estime que vous y attachez.

Enfin, pratiquez les œuvres d'apostolat indiquées dans le chapitre qui traite de (la piété). Ainsi, mon enfant, votre vie sera précieuse devant Dieu et devant les hommes !

CONCLUSION

De la souffrance.

Mon enfant, il vous faudra souffrir ; c'est le lot de chacun ici bas, vous n'y échapperez donc pas.

En face de la douleur beaucoup se raidissent ; d'autres murmurent et ne comprennent pas pourquoi, Dieu si bon nous fait-il souffrir !

Dieu nous fait souffrir, mon enfant, pour plusieurs raisons :

1° La souffrance sous quelque forme qu'elle se présente, *garde les âmes de bien des chutes* en les humiliant. Elle les *grandit* en les épurant et en les détachant des vanités du monde. Elle leur fait acquérir pour le Ciel, qui doit être la récompense de nos luttes et de nos victoires, d'inestimables mérites.

2° La souffrance est *un instrument divin* qui forme le cœur et forge les âmes. Quiconque n'a pas souffert ne saura jamais ni relever, ni consoler ; en nous soumettant à la douleur, Dieu nous donne donc le moyen de nous rendre utile au prochain.

3° La souffrance nous fait *expier nos fautes*. Sur le Calvaire, Jésus était innocent et Il souffrait par amour pour nous. Et vous qui avez péché, vous voudriez ne pas souffrir ? Les deux larrons étaient coupables, mais l'un souffrit bien et se sauva ; l'autre souffrit mal et n'obtint pas la même promesse du Sauveur.

Je ne sais quelles souffrances le bon Dieu vous réserve, mon enfant, mais lorsque la croix, sous n'importe quelle forme, se présentera à vous, acceptez-la généreusement, unissant vos souffrances à celles de Notre Seigneur, qui a bien voulu endurer les plus terribles supplices, pour sauver les pauvres pécheurs.

Méditez ces fortes pensées aux jours où vous ne comprendrez pas le « pourquoi » de la souffrance, puis pensez, à l'occasion, que souffrir passe et qu'avoir souffert pour Dieu ne passe pas.

Enfin, mon enfant, il vous *faudra mourir*. Si vous avez été une bonne chrétienne, vous ne craindrez pas la mort qui est le commencement de la vraie vie.

Dans n'importe quel lieu vous vous trouverez à ce moment suprême, n'oubliez pas de sanctifier vos derniers moments et, pour cela, *demandez* vous-même les derniers sacrements, si personne ne pense ou n'ose vous en parler. *Offrez généreusement* à Dieu votre vie et votre mort en union avec la vie et la mort du Christ. C'est en Lui que nous nous retrouverons un jour là-haut, où Mères et enfants de l'Adoration chanteront ensemble ses louanges... Demandons-Lui que pas une ne manque, à ce rendez-vous du Ciel !

Ainsi soit-il.

Quimper, Imprimerie Cornouaillaise.

www.ingramcontent.com/pod-product-compliance
Ingram Content Group UK Ltd.
Pitfield, Milton Keynes, MK11 3LW, UK
UKHW021520260726
13993UKWH00004B/1795

9 782329 173146